你好啊，小诗词

①山水有清音

毛向军◎编著
霜　豪◎绘

中国铁道出版社有限公司
CHINA RAILWAY PUBLISHING HOUSE CO., LTD.

[使用说明]

9 类 88 种汉字结构
和语文配套的硬笔楷书
全方位的练习指导
与诗文紧密结合

注释
给多音字、生僻字注音
为难字释义

16 类 200 首经典古诗词
硬笔楷书，大字展示
更方便抄诗、临摹
诗词涵盖中小学生必背诗词
及优秀的课外诗词

小诗词知识
了解诗人创作背景
感受古代文人生活
学习诗词分类知识

画赏
读诗赏画
培养审美

诗说
尊重诗词原意
解读诗境，注释浅显易懂

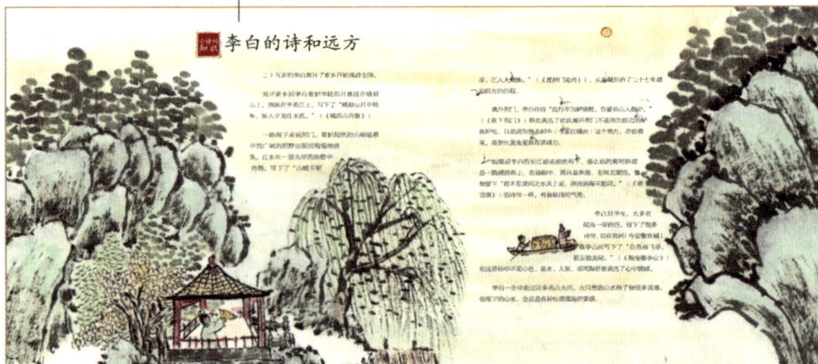

[书 法 常 识]

坐姿

开始做诗抄，首先要有一个正确的坐姿。好的书写姿势，既可以提升专注力，又可以让身体更放松，还可以提高抄诗的速度，达到事半功倍的效果。

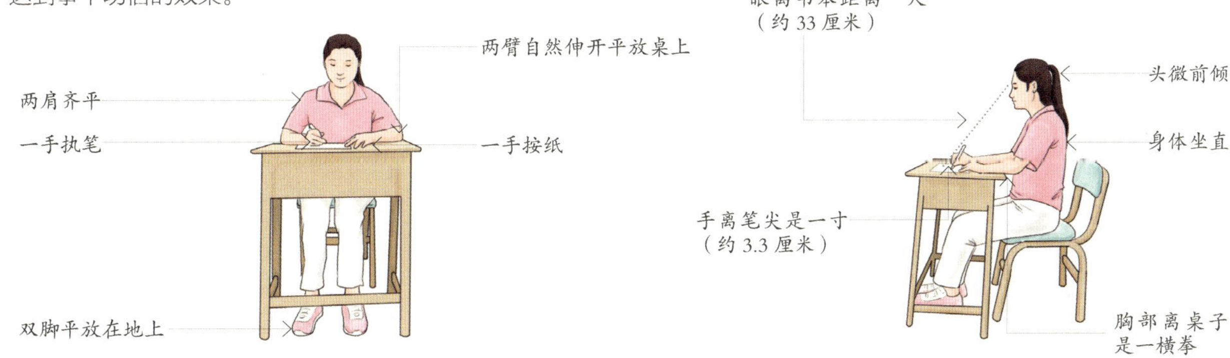

正确的书写姿势

握姿

抄写诗的过程需要手指和手腕的配合，“两面三点执笔法”能有效地调动它们的灵活性，①②两面捏住笔，③④⑤为支撑点。

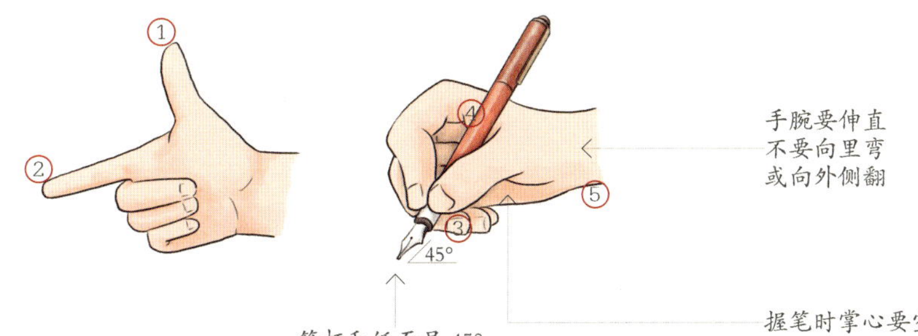

心态

抄诗时要心平气和，不能过分追求速度，导致越写越急，越急写得越潦草。

善于发现抄诗的乐趣，养成一种“乐而知之”的良好心态。

每天可以安排 5~15 分钟抄诗，需保证抄诗的质量，不要追求数量。

选笔

笔尖坚硬的书写工具，都被称为“硬笔”。可根据不同学段选用铅笔、中性笔、钢笔等抄诗工具，笔杆应粗细相宜。不建议选择自动笔和圆珠笔进行练字。

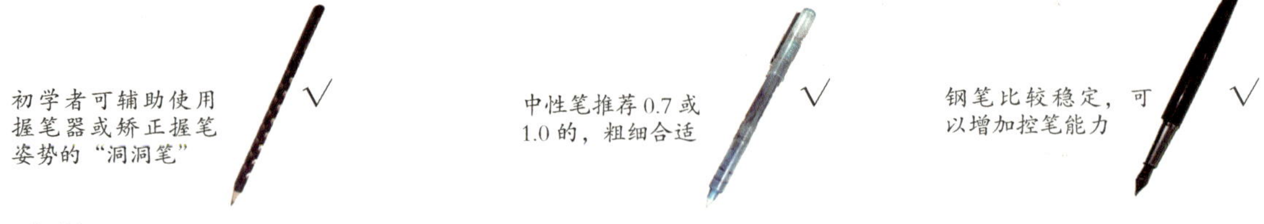

选帖

在挑选临摹字帖时，建议根据个人的喜好选帖。将水平较高的字帖，放在一起对比。

当代一些比较优秀的书法家，他们风格都各不相同，有清秀别致、严谨规范的，也有潇洒飘逸、激励奔放的。选择自己最喜欢的字帖临摹。荀子曰“好一则博”，初学书法，要先专一，方能博学。选好一本字帖，要专心致志练下来，不能朝三暮四，待一本字帖临摹熟了，才可更换字帖，博采众长。

读帖

在临帖之前要仔细观察字的结构、布局、笔画、笔法等，古人称之为“读帖”。

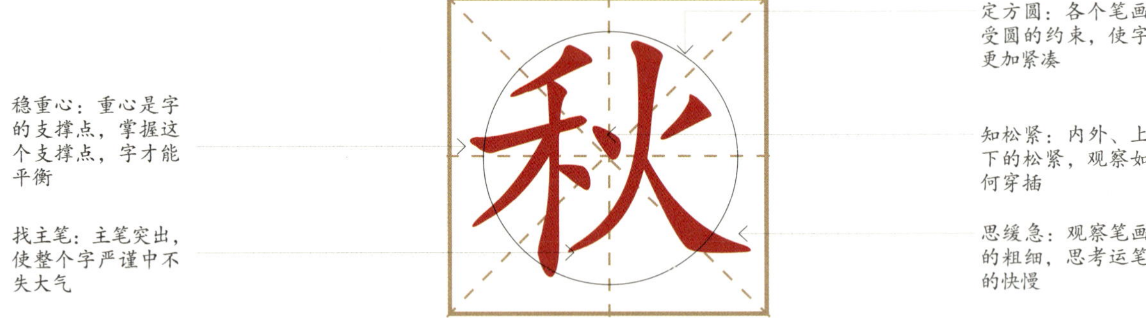

临帖

临帖是照着字帖上的字，通过自己练习去了解书法的技法和规律，是学习书法的最有效方法。学习的重点从笔画到结构再到章法，循序渐进。

笔画：一个笔画怎么写

结构：一个字怎么写

汉字分为上下、左右、半包围、独体字等结构，结构虽然多样，但还是有规律可循。这里不赘述，正文“练字指导”版块里，有详解。

练字指导版块的解释

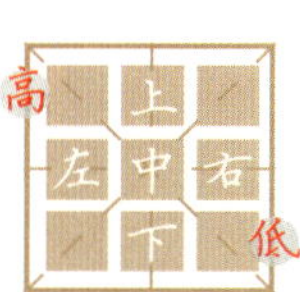

汉字部件的位置

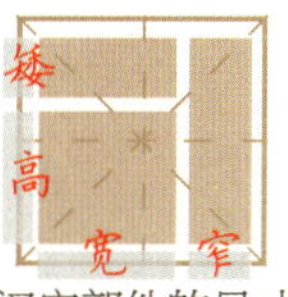

汉字部件的尺寸

章法：一首诗怎么写

特点

整齐划一：字与字、行与行之间等距，保持整齐但不呆板。

多样统一：在和谐统一的关系中注入多样性、变化性，不应该忽略每个字的细节。

形式

横写法：字序从左到右，行序从上到下，首行空两格，字间加标点。

竖写法：字序从上到下，行序从右到左，是较为传统的书写方式。

练字指导索引

手机扫描二维码，即可观看书法课程。

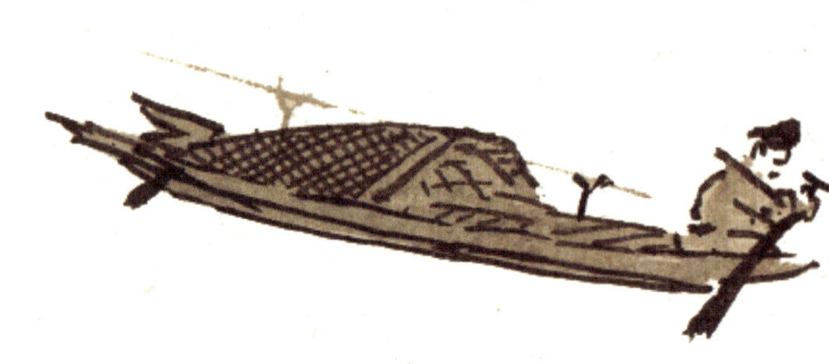

目录

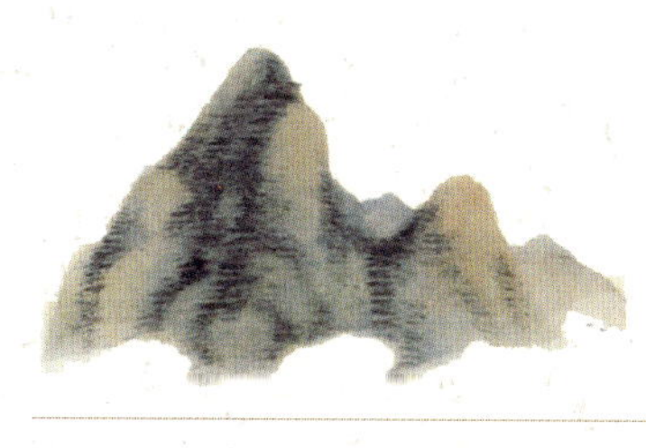

山

水

古诗词快速记忆技巧

熟读后，书写三遍。

第一遍，描：用自干笔在本书诗词上直接描。

第二遍，抄：在田字格本子上抄，每句只看一次。

第三遍，默：尝试独立默写整首诗。

（每个主题的诗词按照难度由低到高排序）

山水有清音

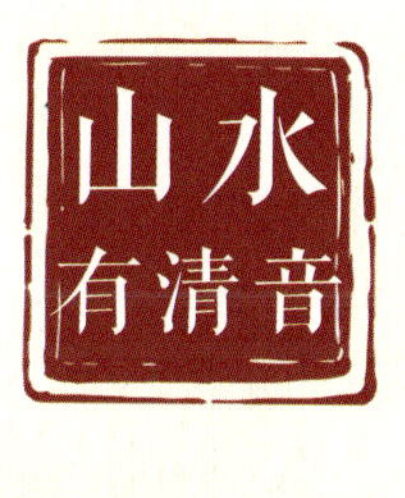

经典的古诗词，诵读是远远不够的，在落笔书写的那一刻，在平顺转折之间，字里行间溢满了诗人的情怀。诗言志，词言情，生活中有了诗词，才会有诗意。从小就感受诗词的意境，人生何惧不精彩。

这本《山水有清音》分册中，我们选择了26首诗词，并根据诗意分为山、水两个主题，引导读者赏析诗词，抄写诗词，理解诗意，感受诗境。

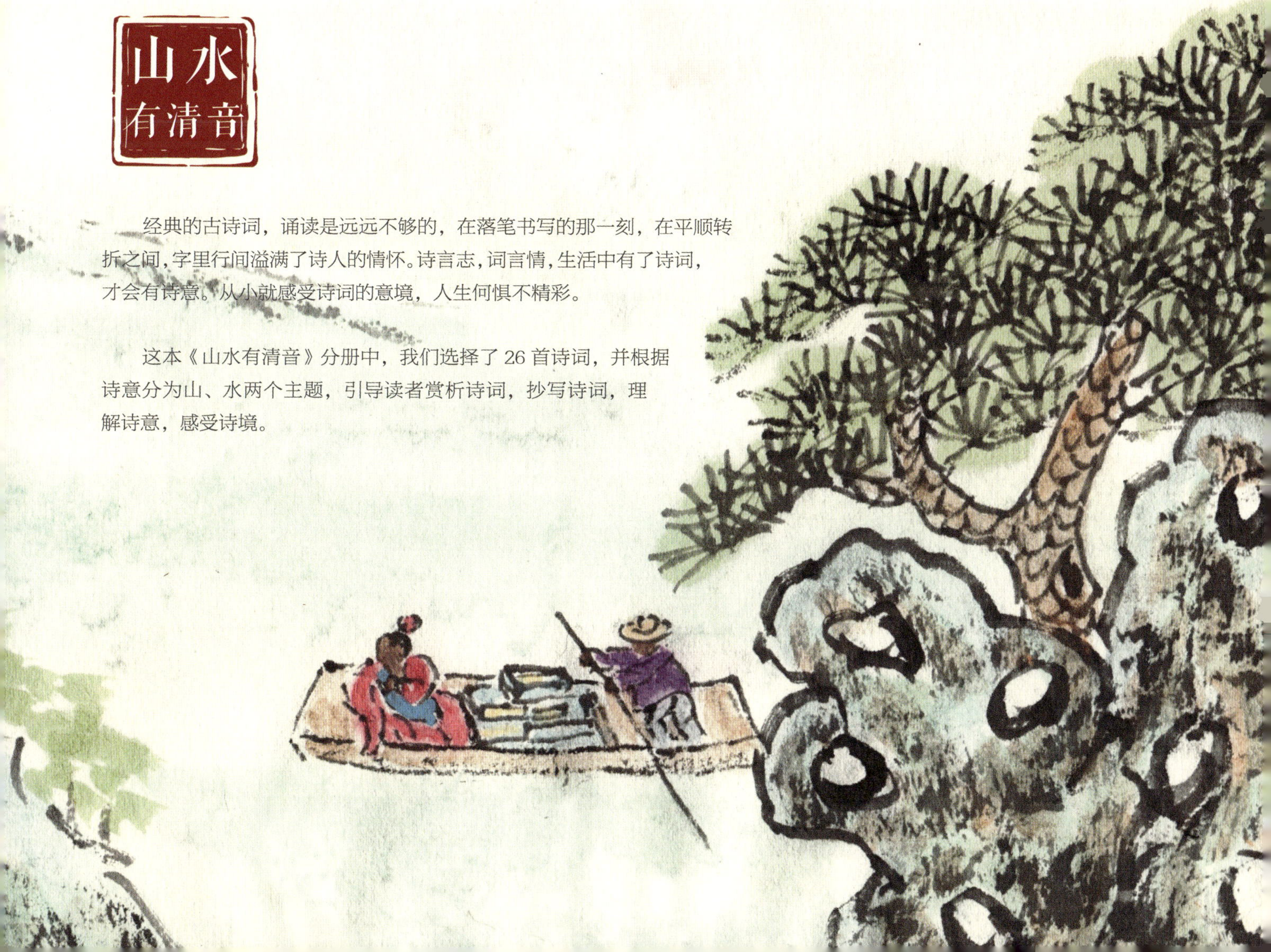

《庐山高图》〔明〕沈周

练字指导

常用偏旁之提手旁。
写提手旁时，
短横稍向左伸长，
右侧露出较短，
提尖与竖钩要坚定有力。

画作的远处崇山峻岭，层层叠叠，树木葱郁，雄伟而又瑰丽。近处画家迎着飞瀑远眺。整幅画气势雄浑，水的空灵、树木的葱郁，加上飞流潭底的瀑布，让整幅画充满了生动的气韵。

望庐山瀑布

[盛唐] 李白

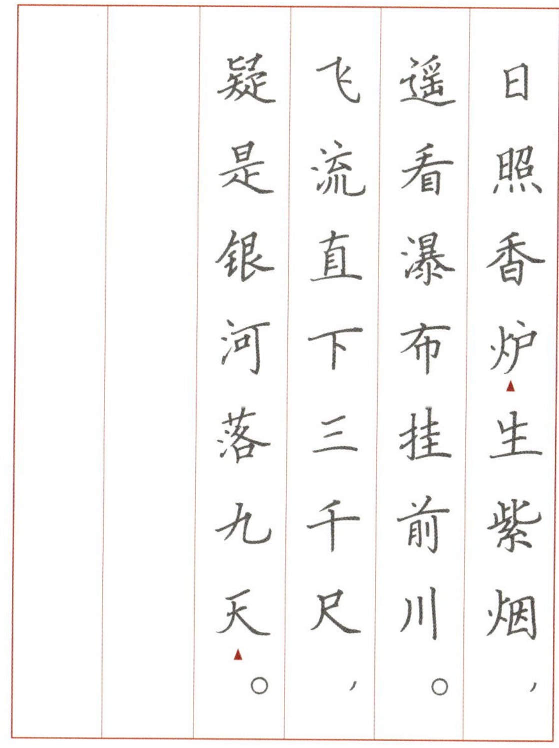

▲庐山：我国名山之一，在今江西省九江市南部。

▲香炉：即香炉峰，在庐山西北，因形状像香炉且山上笼罩着烟云而得名。

▲九天：古人认为天有九重，九天是天的最高层，这里指极高的天空。

诗说

庐山的香炉峰在阳光的照耀下升起了紫色的烟雾。远远看去，瀑布像白色的绸缎一般挂在山前，从山崖上倾泻而下，好像有几千尺，让人恍惚以为是银河从天上落入了人间。

这是诗人隐居庐山时所写下的一首诗。读这首诗会让我们不自觉地想象着庐山壮丽的景色。

小诗词知识

李白的诗和远方

二十五岁的李白离开了家乡开始周游全国。

离开家乡时李白看到半轮明月悬挂在峨眉山上，倒映在平羌江上，写下了“峨眉山月半轮秋，影入平羌江水流。”（《峨眉山月歌》）

一路南下来到荆门，看到起伏的山岭随着平坦广阔的原野出现而慢慢地消失，江水在一望无尽的原野中奔腾。写下了“山随平野尽，江入大荒流。”（《渡荆门送别》）。从此便开始了二十七年漂泊四方的历程。

离开荆门，李白作诗“此行不为鲈鱼鲙，自爱名山入剡中。”（《秋下荆门》）借此表达了此次离开荆门不是因为那边的鲈鱼好吃，只是因为想去剡中（今浙江嵊州）这个地方，在他看来，美景比美食更具有诱惑力。

如果说李白的长江游是顺流而下，那么他的黄河游却是一路溯流而上，在他眼中，黄河是奔放、无拘无束的，像他留下“君不见黄河之水天上来，奔流到海不复回。”（《将进酒》）的诗句一样，有着雄伟的气势。

李白后半生，大多在皖南一带游历，留下了很多诗句，如在宣州（今安徽宣城）敬亭山时写下了“众鸟高飞尽，孤云独去闲。”（《独坐敬亭山》）在这首诗中不见山色、泉水、人家，却用眼前景表达了心中情感。

李白一生中走过许多名山大川，大自然的山水给了他很多灵感，他笔下的山水，也总是有种壮观瑰丽的美感。

《岩栖思访图》局部 ［明］项圣谟

练字指导

独体字。
字形偏扁，
左高右低，
主笔垂露竖要高，末笔短竖要出头。

画面上远处群山连绵起伏，依稀可见散落的人家。近处山石嶙峋，峰峦重叠。在参天的古木下，有一个农家小院，画家站在岸边眺望着远方，一副悠然自得的神情。

山行

【晚唐】杜牧

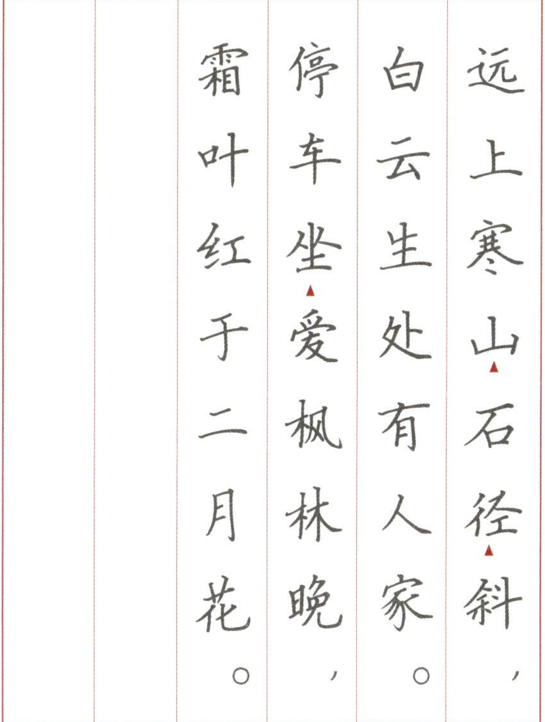

远上寒山石径斜，
白云生处有人家。
停车坐爱枫林晚，
霜叶红于二月花。

▲寒山：指深秋时候的山。▲径：小路。▲坐：因为、由于。

诗说

诗人沿着弯弯曲曲的小路上山，在白云的深处看到还有人家居住在那里。诗人因为太喜爱这深秋枫林的晚景了，所以停下了马车。看那被秋霜染过的枫叶，竟比二月的春花还要红艳。

诗人写的不仅仅是一首即兴咏景的诗，还是诗人内心世界的表露。

《狮子林图》 ［清］钱维城

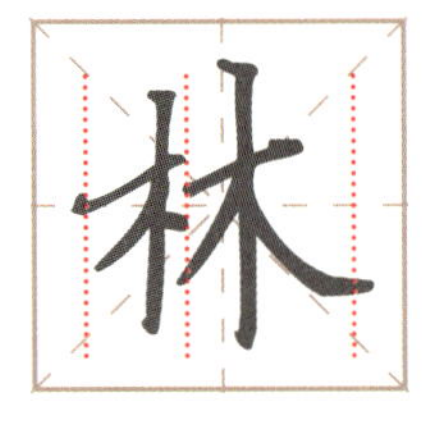

练字指导

左右结构的字。
左右同形，
左边捺收为点，
两边不要写成一样大，
右边竖略长于左边。

园林中古木参天，画作的左方是一亩方塘，在水流之处横跨一座石拱桥；右方树木浓郁，山石兀立如柱，院内小径崎岖，如入羊肠。整幅画作色彩淡雅，创造出一种空寂幽深的境界。

鹿柴▲

〔盛唐〕王维

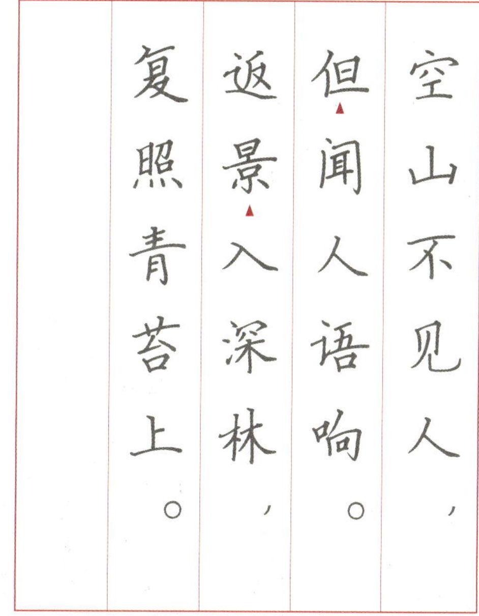

▲鹿柴（zhài）：终南山一景。这里指王维在终南山的一处乡间别墅。

▲但：只，仅仅。

▲返景：夕阳返照的光。

诗说

空空如也的深山中没有人影，只能听到有人说话的声音。落日的影晕映入深山树林中，又重新照在青苔上。

王维最擅长写田园诗，他写的田园诗让读者仿佛身临其境，《鹿柴》就是其中一个代表。

《眼底烟云》［明］唐寅

练字指导

品字结构的字。
下部扁窄，
左下略瘦，以点替捺，
右下长捺舒展。

画家唐寅用细长清劲的线条描绘出青山流水的静态画面，江流的对岸群山连绵，山石间青松兀立，一人端坐江流之畔，凝望着对岸的风景，略带一丝惆怅。

独坐敬亭山▲

【盛唐】李白

▲敬亭山：山名，在今安徽宣城境内。 ▲独去闲：自由地飘荡。 ▲厌：满足。

鸟儿们向高处飞去，飞得无影无踪。孤独的云彩在天上自在悠闲。他看着它，它看着他，彼此之间两不相厌的，只有诗人和敬亭山了。

这首诗里，诗人抒发了自己孤独的情思，但他巧妙地把敬亭山拟人化，在那里得到些许安慰，让整首诗看上去并没有那么孤寂。

《唐寅诗意图》［清］王翚

练字指导

左右结构的字。
左右等宽，左低右高，
字形呈长方形，
左右两边间距较小，
左边窄长，右边舒展。

在画面的上方，山中林木葱郁，云雾缥缈，半山腰上有一座凉亭，一位男子倚靠着栏杆，眺望着远方。山脚下有一位高人乘着小舟，整幅给人一种静谧的意境。

夜宿山寺

【盛唐】李白

危楼▲高百尺，
手可摘星辰。
不敢高声语，
恐▲惊天上人。

▲危楼：高楼。▲恐：害怕、恐怕。

山上寺院可真高啊，像是有百尺的样子。一伸手，好像就可以摘到星星。诗人都不敢大声说话，周围太安静了，害怕惊扰到天上的仙人。

夜晚在山间住宿，抬头就能看到漫天的繁星，似乎天空离我们更近了。诗人写下了他在山中住宿一晚时的感受。

《横塘雨歇图》局部 ［明］文伯仁

练字指导

半包围结构的字。
左上包右下，
广字头点居横中间，
撇画要写的舒展，
左下户字不要过小。

这是一幅颇有意境的山水图。画中群山重叠，云雾霭霭，草木茂盛，瀑布飞流直下，山下亭台楼阁，小桥流水，桥上有人前行，坡地上游人三两成群，怡然自得地观赏着山中美景。

从正面、侧面看庐山山岭连绵起伏、山峰耸立，从远处、近处、高处、低处看庐山，庐山呈现各种不同的样子。为什么我看不清庐山真正的样子呢？啊！原来是因为我自己就在庐山之中啊。

题西林壁▲

【北宋】苏轼

横看▲成岭侧成峰，
远近高低各不同。
不识庐山真面目，
只缘▲身在此山中。

▲题西林壁：写在西林寺的墙壁上。西林寺在庐山西麓。 ▲横看：从正面看。 ▲只缘：只是因为。

《云峰远眺图》［宋］佚名

远处山峰耸立，树木若隐若现，山林中雾气霭霭，怪石嶙峋，群山和林木之中依稀可以看见楼阁，近处两位老友站在岩石上远眺，一书童手持长长的竹竿跟随其后。整幅画虚实结合，意境深远。

登飞来峰

【北宋】王安石

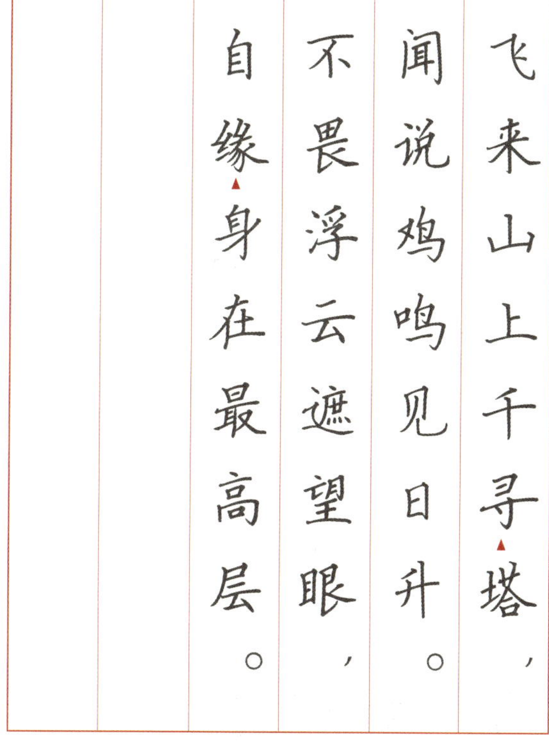

练字指导

左右结构的字。
左窄右宽，左小右大，
绞丝旁上松下紧，
第二个折起笔略往右倾斜，
右边两撇在弯钩偏上位置。

▲飞来峰：指浙江绍兴城外的宝林山。 ▲寻：古代长度单位。 ▲缘：因为。

听说在飞来峰上有座高耸入云的高塔，鸡鸣的时候可以看见旭日升起。不怕浮云遮住了远眺的视野，因为我在飞来峰的最高处。

诗人写这首诗的时候，正是刚刚当官的时候，正值壮年的他志向高远，借着飞来峰其实是在抒发自己的远大抱负。

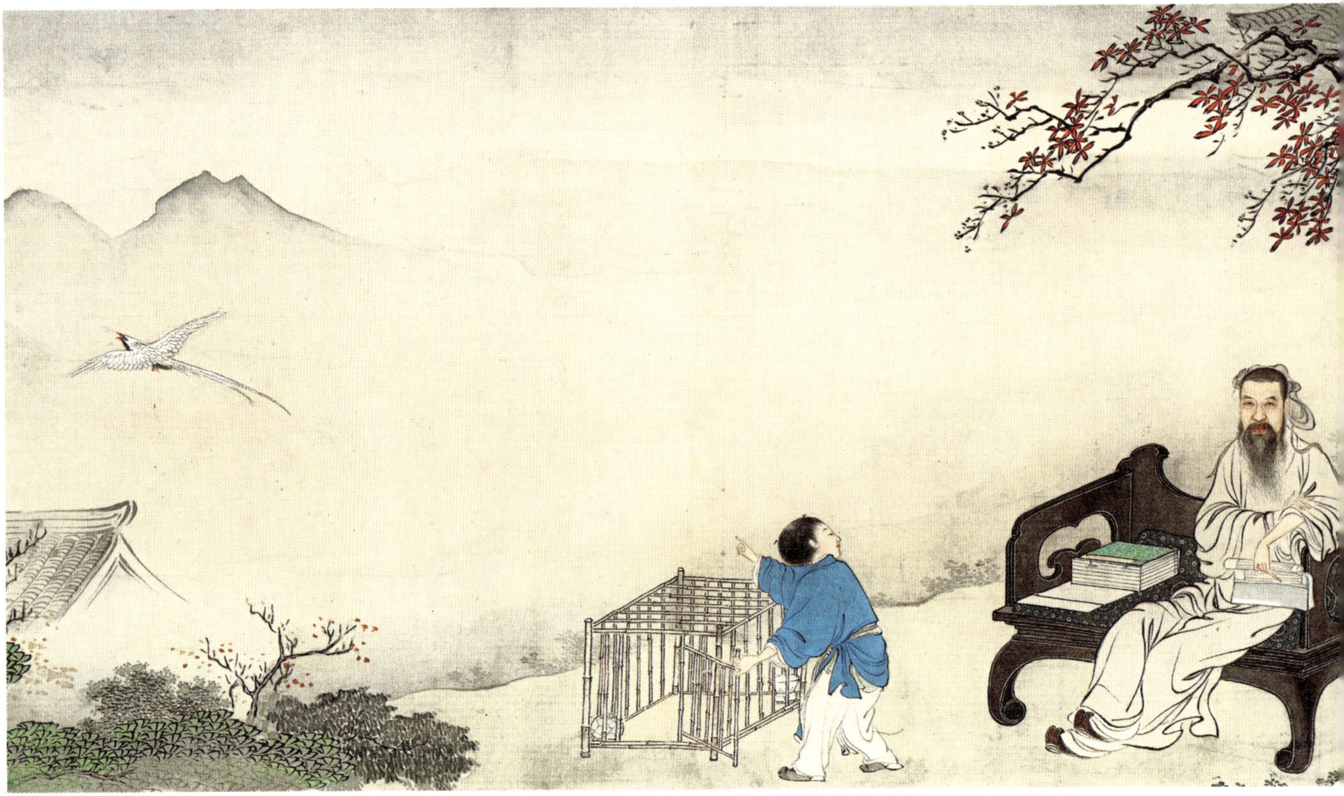

画赏

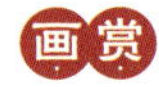

整幅画色彩明丽，笔法遒（qiú）劲流畅。画家身着便服，手拿书卷，闲适地坐在榻上，看着童子打开鸟笼，放鸟远去。身后绿竹红叶，密密丛丛，远处青山云雾，辽阔无际。

鸟鸣涧

［盛唐］王维

人闲桂花落，
夜静春山空。
月出惊山鸟，
时鸣春涧中。

《王士祯放鹇图》［清］禹之鼎

▲人闲：指周围没有人事烦扰，诗人内心娴静。▲时鸣：一阵一阵地。

诗说

在这山林中很少有人能安静地听见桂花落地的声音。寂静使春夜里的山更让人觉得空荡荡。月亮悄然升起，月光的照耀惊动了山中休憩的鸟儿，它们不时地在春天的溪涧中高飞鸣叫。

《秋景图》［明］项圣谟

这幅画色彩明亮，远山连绵起伏，湖面雾气氤氲，近处岸边古树嶙峋，秋意正浓，树叶红色、黄色、绿色夹杂在一起，分外好看。画面简洁秀逸，境界明净。

峨眉山月歌

〔盛唐〕李白

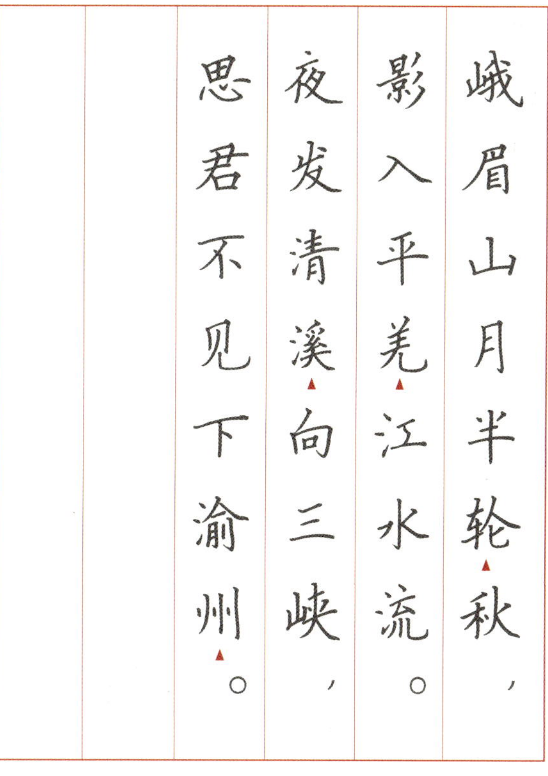

练字指导

独体字。
写倒八字头时，
上部撇长点短，
下部三横略倾斜接近平行，
撇位于中心线的偏左位置上。

▲半轮：半边，半个。

▲平羌：青衣江，大渡河的支流，位于峨眉山东北。

▲清溪：青溪驿，在今四川犍（qián）为。

▲渝州：是今天重庆一带。

诗说

峨眉山上挂着半轮秋月，月亮的影子倒映在平羌江面上。夜间乘船出发，离开了清溪直奔三峡而去。诗人想念友人，却难以相见，只能恋恋不舍地向渝州行去。

李白是四川人，这首诗是他离开四川时所作。离开家乡，便很难见到故友，所以他写下了这首诗。李白豪迈洒脱的气质，通过这首诗已经可以看到大概。

《海潮花卉——海日初升》［明］孙克弘

幸甚至哉，
歌以咏志。

苍苍茫茫的海面，从远处吹来海浪，到岸边时浪花激荡，整幅将重心放在浪花上，细致地刻画了浪花的形态，用大量的细笔将浪花描绘的传神，给人一种动态的感觉。

观沧海

【东汉】曹操

东临碣石，以观沧海。
水何澹澹，山岛竦峙。
树木丛生，百草丰茂。
秋风萧瑟，洪波涌起。
日月之行，若出其中。
星汉灿烂，若出其里。

▲碣（jié）石：山名。▲澹澹（dàn dàn）：水波摇动的样子。▲竦峙（sǒng zhì）：耸立；竦、峙，都是耸立的意思。▲星汉：银河。

往东走登上了碣石山，就能看到茫茫的大海。海水宽阔浩荡，山岛高高地挺立在海边。这里树木丛生，草也长得十分茂盛。萧瑟的秋风吹起丛生的草木，海中翻涌着巨浪。太阳和月亮不断升起落下，好像是从这浩瀚的海洋里发出的一样。银河星光灿烂，好像是从这浩瀚的海洋中产生出来的。诗人很高兴，就用这首诗歌来表达自己内心的志向。

诗人的豪情壮志已经在这首诗中得到了最好的展现，无论是翻涌的波涛，还是灿烂的银河，都体现了他壮志凌云的人生态度。

《潇湘白云图》局部 ［明］董其昌

练字指导

上下结构的字。
上下同高，上宽下窄，
首撇偏平，竖不宜写长，
撇捺向左右舒展，
下部上收下展。

这幅画是画家晚年时所作，用晕染的笔法描绘出多变莫测的云雾。远处群山连绵，近处葱茏的树木下掩映着成片的人家。整幅画笔墨浓淡适宜，意境深邃悠远。

望岳

〔盛唐〕杜甫

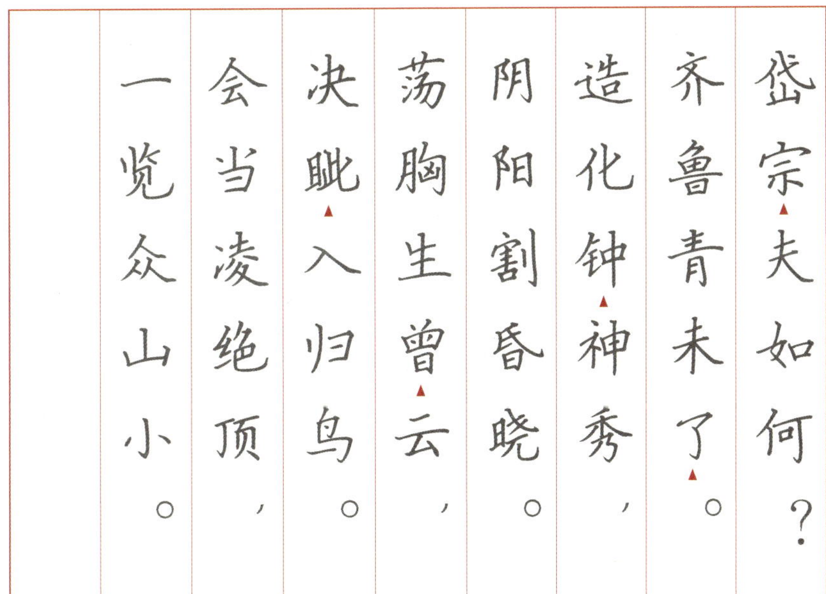

▲岱宗：指泰山。▲未了（liǎo）：不尽。▲钟：聚集。▲曾：同“层”。▲眦（zì）：眼角。

诗说

泰山到底如何雄伟？走遍了齐鲁大地，只见那青绿苍翠一望无际。大自然似乎对泰山情有独钟，把神奇和秀美集中在它身上，泰山南北两面一边亮一边暗，就好像一边是黄昏，一边是晨晓。细望泰山，云雾层层叠叠，令人心胸激荡起伏，诗人睁大了眼睛，极力远望，追羡那飞入山间的归鸟。诗人想象有一天，一定要登上泰山的山顶，俯瞰群山，那时脚下群山那该有多么渺小。

杜甫的诗大都反映民间疾苦，这是难得一首写景的诗。虽是写景，却也体现了诗人壮阔的胸襟。

《青园图》局部 ［明］沈周

练字指导

左右结构的字。
左窄右宽，左小右大，
左边位于字的左上角，
右侧横竖注意穿插。

▲丈人山：在今青城县北边。

▲白：白雪。

▲黄精：发黄的落叶。

▲容：通“融”。

画家用浓淡相宜的笔墨描绘了青园的各种景色，富有生活气息。画中远处是群石裸露的河滩，近处幽竹垂柳中，一人手持卷书，坐在屋中认真阅读。屋舍旁边的篱笆围墙参差有致，整幅画给人一种平远幽深的感觉。

丈人山

〔盛唐〕杜甫

自为青城客，
不唾青城地。
为爱丈人山，
丹梯近幽意。
丈人祠西佳气浓，
缘云拟住最高峰。
扫除白发黄精在，
君看他时冰雪容。

诗说

诗人登上青城山，发出了感叹。自己是青城山的人，自然不会随便吐痰。为了喜爱的青城山，走在阶梯上感受山中幽静的意境。丈人祠的西边风景非常好，云彩都在集中最高点山峰上。打扫完路上的白雪，还有发黄的落叶，等看到落叶的时候，冰雪都已经融化了。

丈人山就是今天重庆的青城山，就是杜甫的家乡。

《陈文述诗意册》 [清] 钱杜

钱杜是清代时的山水画中的佼佼者。在浩瀚的烟波中，一叶孤舟随着海风飘向着远方。画家在辽阔的沧海中，只身一人在海上漂流。画上写着“春色满天地”，想着当下春天已经过半了，大地应该充满了绿色吧。

登鹳雀楼

[盛唐] 王之涣

白日依山尽，
黄河入海流。
欲穷千里目，
更上一层楼。

练字指导

独体字。
呈三角形，
短撇要带出一些笔锋，
捺要写长且舒展，
整个字做到撇低捺高。

▲鹳雀楼：原址在今山西永济西南的黄河岸边，因常有鹳雀栖息而得名。

▲依：挨着，靠着。

▲更：再。

夕阳傍着远处的山脉慢慢沉没，滔滔不绝的黄河向着大海奔流而去。如果想把千里之内的风景都收入眼中，就要再登上更高的一层楼。

诗人登上鹳雀楼，目光所到之处让他有了如此感慨。这首诗是王之涣的代表作，也是一首脍炙人口的名诗。

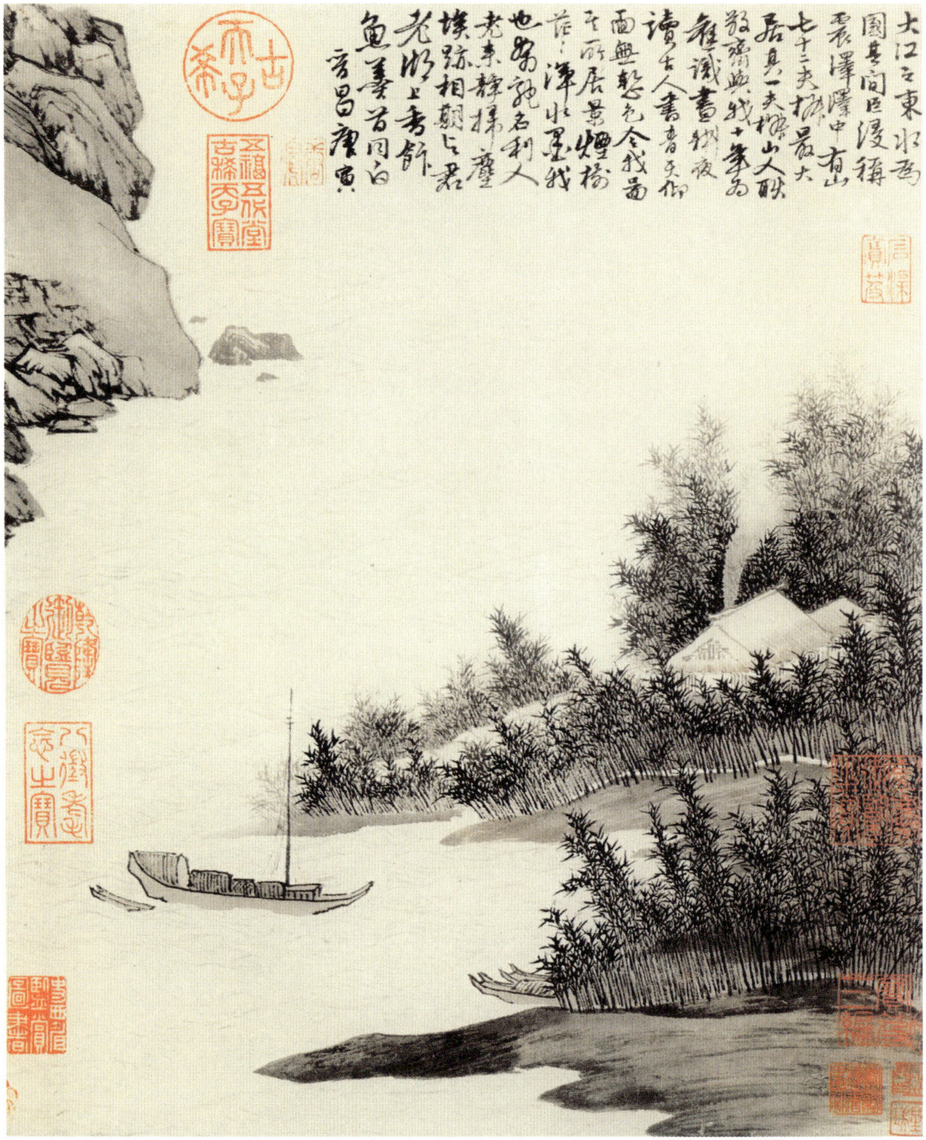

《震泽烟树图》【明】唐寅

画赏

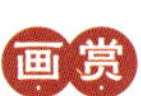

湖面上烟波渺渺，一叶孤舟随着湖波向前行驶着，两岸茂密的修竹隐藏着几户人家，一缕炊烟袅袅升起，使整幅画面充满了生气。

早发白帝城

［盛唐］李白

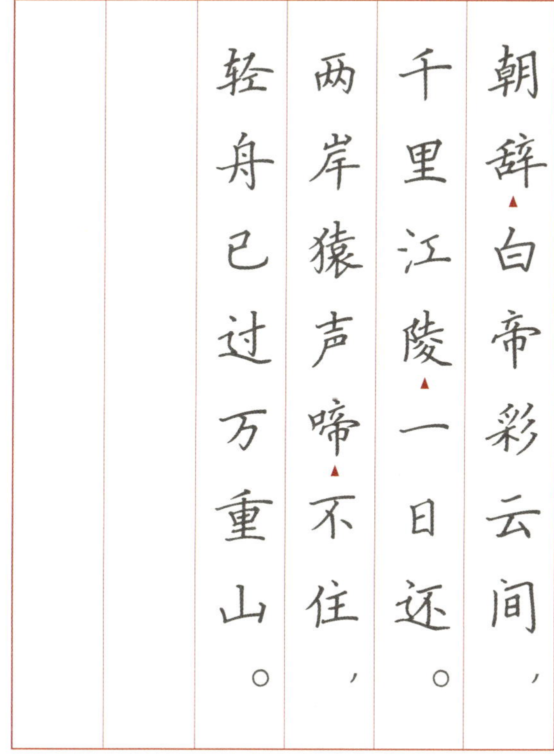

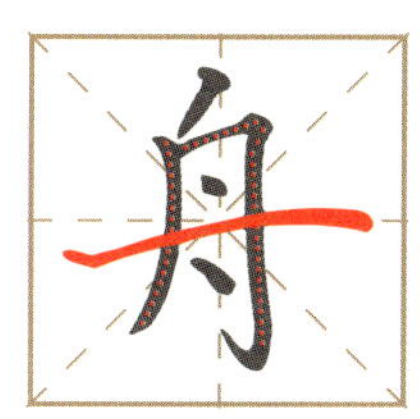

练字指导

独体字。
字形偏长，
竖钩略长于撇，
主笔长横要舒展。

▲白帝城：在今重庆奉节县城东白帝山上。

▲辞：辞别。

▲江陵：在今湖北江陵。

▲啼：叫。

早晨离开白帝城的时候朝霞满天，诗人要去江陵，千里的路程一天就能到达。行船时，两岸猿猴啼声不断，回荡不绝。猿猴的啼声还回荡在耳边时，轻快的小船已驶过连绵不绝的万重山峦。

李白如果生在今天，一定是最会写诗的旅行家，他每到一个景色壮丽的地方，都会留下诗句来赞美那里的风景。

《洞庭渔隐图》［元］吴镇

练字指导

半包围结构的字。
左下包右上，
起笔点偏右侧，
平捺要写舒展，
右上不宜写扁，要略长，
两部分距离不要太远。

画中有着三棵姿态不一的古松，湖面上平静无波，一叶扁舟飘荡其间；画面的远处是连绵的山坡，画面表达了宁静淡泊的心境。

望洞庭

［中唐］刘禹锡

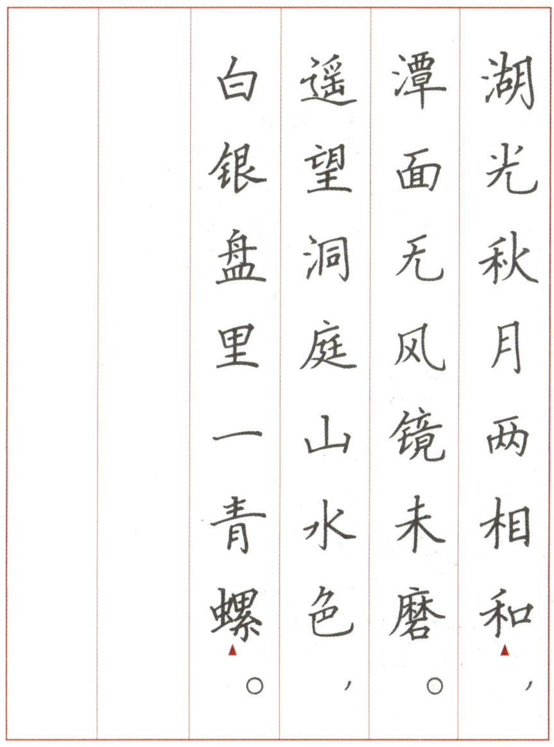

▲洞庭：湖名，在湖南省北部。

▲和：协调。

▲青螺：青色的田螺，比喻洞庭湖里的君山。

洞庭湖上湖水泛出的光和天上挂着的明月相呼应，湖面上没有一丝风，就像还没有打磨过的铜镜。遥望清丽可人的洞庭湖的湖光山色，那远处翠绿的君山，就像在银盘中的一枚青螺啊！

刘禹锡这首写洞庭湖的诗，把洞庭的宁静、秀丽描绘得清丽可人。

《山水》

【明】溥心畬

练字指导

左中右结构的字。
左右宽，中间窄，
各部分比较窄长，
左边捺收为点，
左旁偏短，突出右侧竖钩。

屋舍被葱郁的古树掩映，远处高山流水迴曲流淌，不断注入门前的池塘中。一老翁拄着长长的竹杖行走在石桥上，整幅画清雅灵动，意境高远。

宿建德江▲

【盛唐】孟浩然

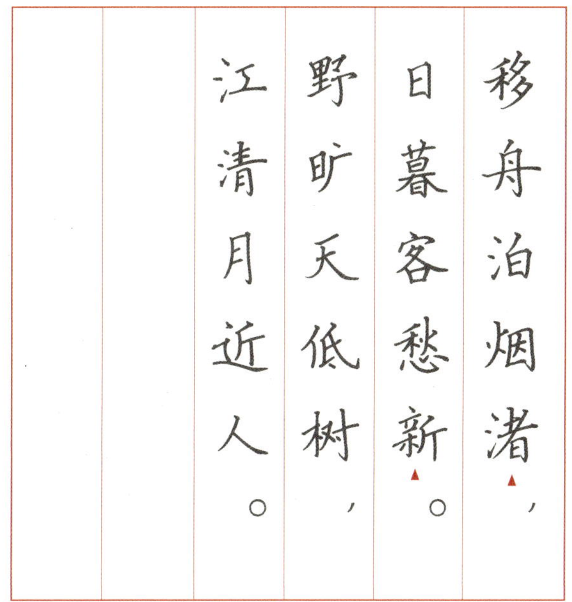

▲建德江：今浙江，新安江流经建德的一段。▲烟渚（zhǔ）：指江中雾气笼罩的小沙洲。
▲新：增添。

诗说

把小船停泊在烟雾迷蒙的小沙洲旁，日暮时分，忧愁又涌上了诗人的心头。旷野无边无际，天尽头似乎比树还低。江水清澈，月亮倒映在水面上，显得和诗人更亲近了。

诗人在这首诗中还写到一个“愁”字。夜晚与水中的月亮做伴，这样的孤单和哀愁，读者从诗中就能体悟。

盛唐里的一股清流

孟浩然和王维都是我国盛唐时期山水田园诗派诗人，他们的语言给人一种清新、淳美的感受。

孟浩然

孟浩然一生布衣，他写的田园诗干净富有着野趣。像“八月湖水平，涵虚混太清。”和“坐观垂钓者，徒有羡鱼情。”

（《望洞庭湖赠张丞相》）湖水和天空浑然一体，看着那些垂钓者的鱼儿上钩了，自己没有渔具只能默默地羡慕。

王维

王维过着半隐半官的生活，他笔下的山水诗大都蕴含着哲理。王维的“空山新雨后，天气晚来秋。明月松间照，清泉石上流。”（《山居秋暝》）山居薄暮之景，一场秋雨过后，天气清新宜人，青山清幽闲适，将我们带入一个澄净的世界。

江上渔者

［北宋］范仲淹

江上往来人，
但▲爱鲈鱼美。
君▲看一叶舟▲，
出没风波里。

练字指导

上中下结构的字。
上窄中下宽，
上部撇不要写长，
点点撇依次升高，
中部横折要写舒展，
捺起笔轻，行笔渐重，顿笔出捺脚。

▲但：只。▲君：你 ▲一叶舟：形容船很小，像一片浮叶。

江上来来往往的人只喜爱鲈鱼的鲜美。看看江上小船里的渔人吧，他们正划着小船在风波里颠簸飘摇，只为让人们吃上鲜美的鲈鱼啊。

这首诗的主角是渔者，诗人用朴实形象的语言描绘出渔夫劳作的艰辛，希望唤起人们对民生疾苦的注意。

枫桥夜泊

【中唐】张继

月落乌啼霜满天，
江枫渔火对愁眠。
姑苏城外寒山寺，
夜半钟声到客船。

▲枫桥：在今苏州阊门外。

▲江枫：江边的枫树。

▲姑苏：苏州的别称。

月亮已经落下，乌鸦开始啼叫，天气也开始变得寒冷。诗人对着江边的枫树和点点渔火忧愁而眠。姑苏城外的寒山古寺，半夜里敲钟的声音已经传到了客船里。

这首诗是张继在唐朝末年安史之乱时避难到浙江、江苏一带时写下的。诗中的一个“愁”字足以奠定整首诗的感情基调。

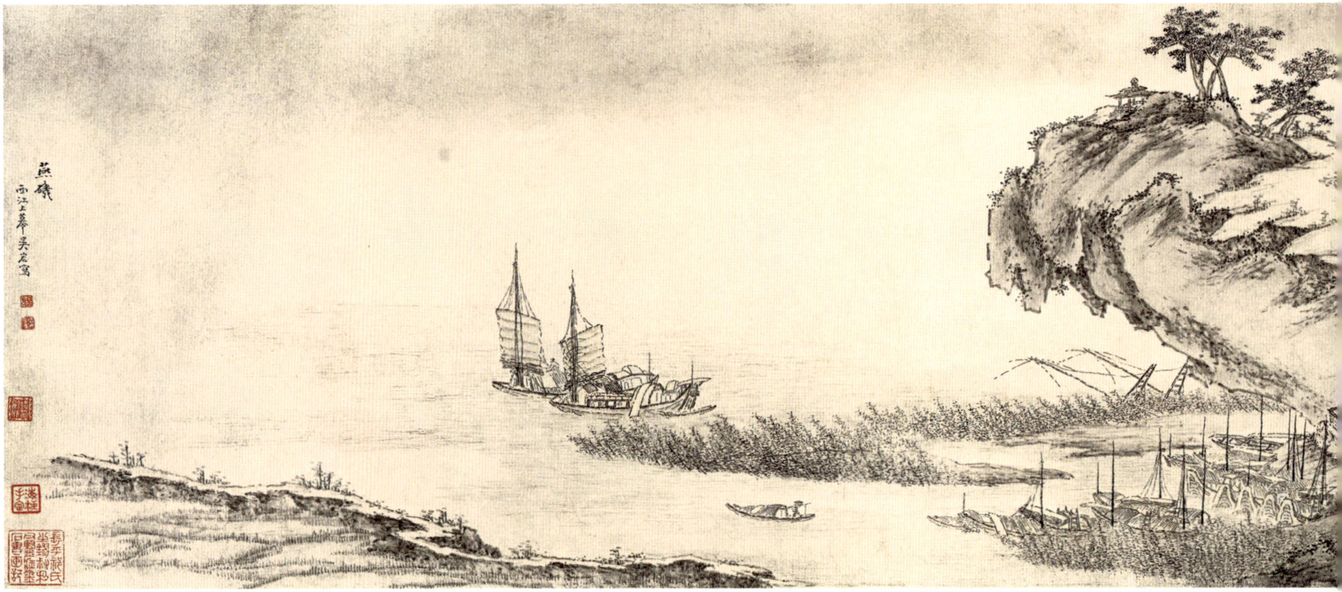

画赏

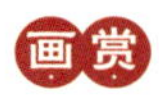

湖面上一片浩渺，雾气氤氲；岸上古木苍翠，居民依山而建。山峦与江面相连，桅船停靠在岸边。整幅画山青水静，给人以浑厚无际的意境。

《燕子矶莫愁湖二景图》局部 ［清］吴宏

《溪桥觅句图》〔清〕孙逸

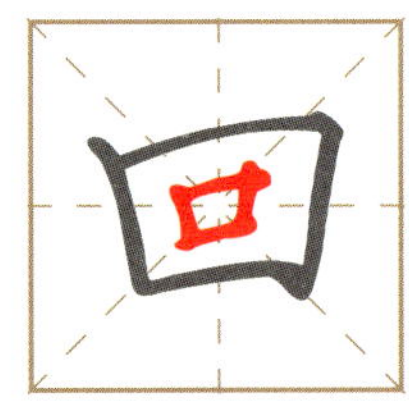

练字指导

全包围结构的字。
字形偏正方形，
外框两竖向中心倾斜，
被包围部分不宜写太满。

画作中远处高山耸立，云雾环绕，山涧流瀑，别有一番洞天。山下水平如镜，曲桥水榭，有人策杖过桥。此图运用青绿山水表现手法，突出石青石绿的厚重，苍翠效果，使画面爽朗秀丽。

望天门山▲

【盛唐】李白

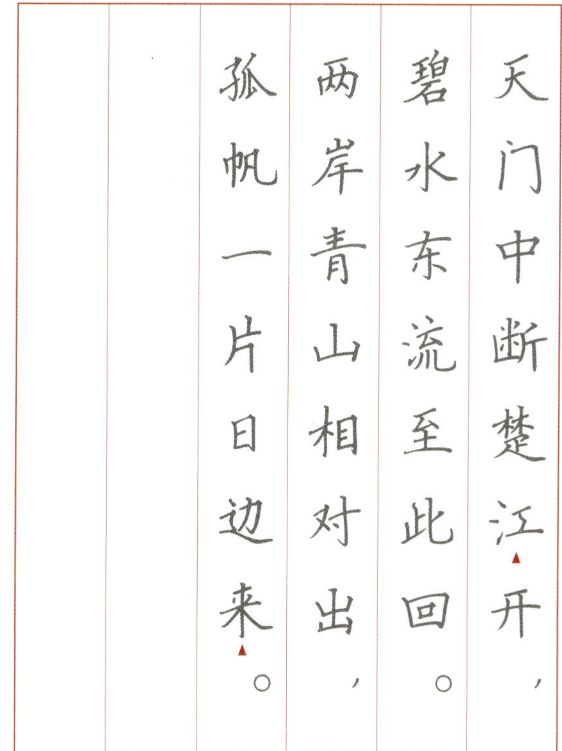

▲天门山：安徽当涂的东梁山与和县西梁山的合称。

▲楚江：即长江。

▲日边来：指孤舟从天水方向驶来。

长江像是一把斧头劈开了天门山后从中间流出来的。碧绿的江水东流到此地回旋澎湃。两边的青山不断出现在眼前，就在诗人不能辨别哪边风景更美时，一叶孤舟从天边悠悠而来。

天门山位于安徽省和县与芜湖市长江两岸。这首诗描写了诗人在江中行驶，远望天门山的景象。

《青绿山水图》局部 〔宋〕刘松年

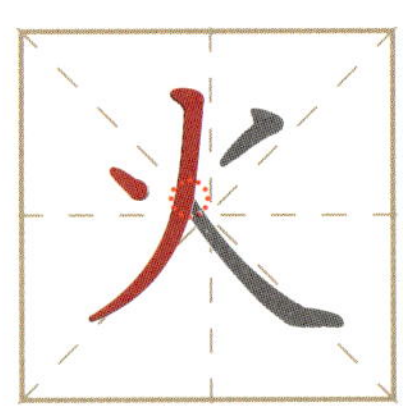

练字指导

独体字。
上收下展，
点起笔由轻到重，
竖撇起点要高，
捺位于竖撇中间偏上位置。

画作的远处群山隐隐，连绵不断，在雾气下显现着几分深远的意境，画作的近处苍翠欲滴，屋舍掩映，整幅画表现出一幅江南山水景色。

忆江南·江南好

［中唐］白居易

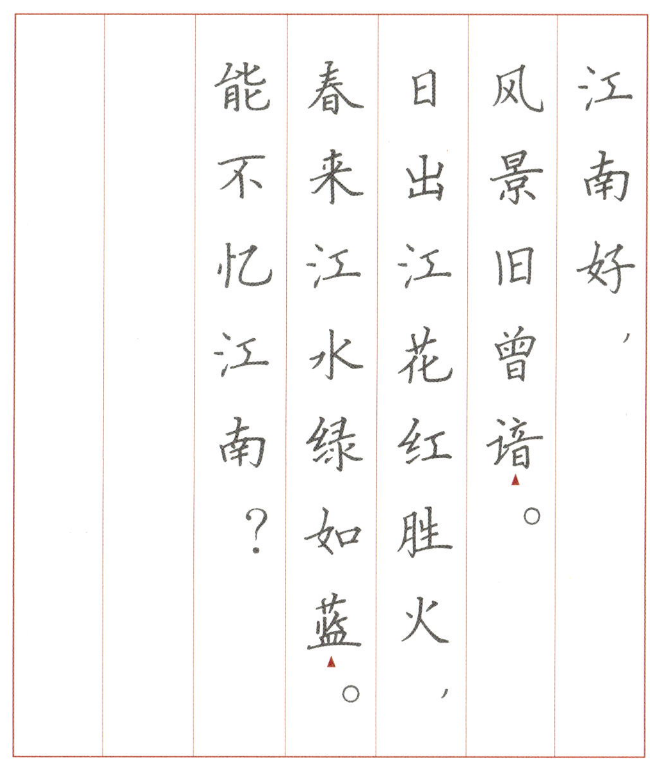

▲忆江南：词牌名。 ▲谙（ān）：熟悉。 ▲蓝：一种植物，叶蓝绿色，可提取青蓝色染料。

诗说

江南的风景多么美好啊！这美如画的风景早就已经熟悉了。太阳从江面升起，把江边的鲜花照得像火一般红艳，春天的江水绿得胜过蓝草。怎么能不让人怀念江南呢？

古人对江南有着独特的情愫，很多诗人都写过关于江南的诗，有的写山，有的写水，对江南的喜爱和留恋都抒发在一句一句的诗里。诗人白居易写的江南，又和其他诗人有什么不同呢？

《江亭揽胜图》［南宋］朱惟德

《江亭揽胜图》这幅画是绢纸设色，纵 24 厘米，横 26 厘米。险峻的山腰上，生长着一株松柏，枝干遒劲有力，树下建有一座小亭，主人公凭栏眺望，看着远处的群山和辽阔的江面，还有那江面上漂浮的一叶孤舟。

暮江吟

［中唐］白居易

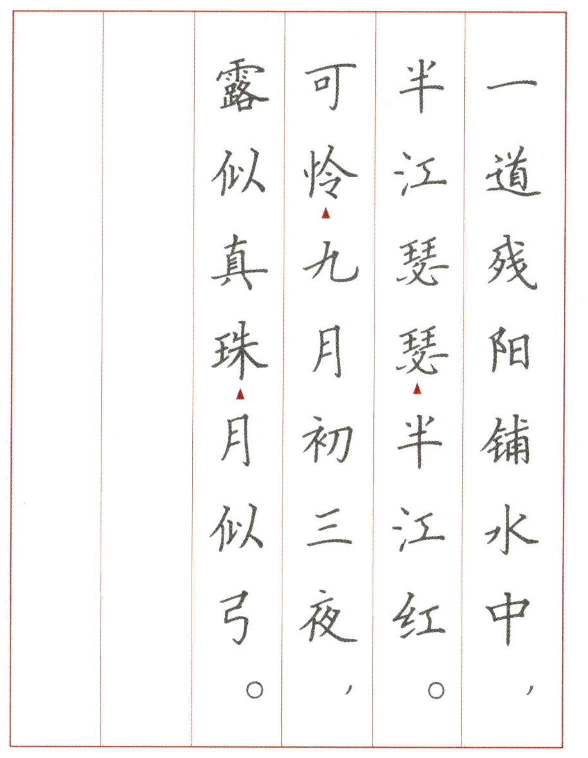

▲暮江：日暮黄昏时的江面。▲瑟瑟：碧绿色。▲可怜：可爱。▲真珠：珍珠。

你见过晚霞铺在江水上的景色吗？诗人白居易用四句诗给我们描绘了太阳下山时，霞光铺满江水时的壮阔景色。

一道残阳渐沉江中，半幅江面呈现碧绿色，另外半边变成了艳红色。更让人怜爱的是九月初三的夜晚，霜露像珍珠一般，月亮却像弯弓一般挂在天上。

《巫峡云涛图》［明］谢时臣

练字指导

上中下结构的字。
上窄中下宽，
上部变捺为点，
下部撇不要写长，
第一横较短，第二横要写舒展。

山峰重重叠叠，高耸险峻，云腾雾绕。江水飞流而下，波涛滚滚，山脚处怪石嶙峋，浪花飞溅。在两山之间有着一叶孤舟，船夫们奋力撑桨，以避开礁石和暗滩。整个画面溢出了雄浑和壮美的景致。

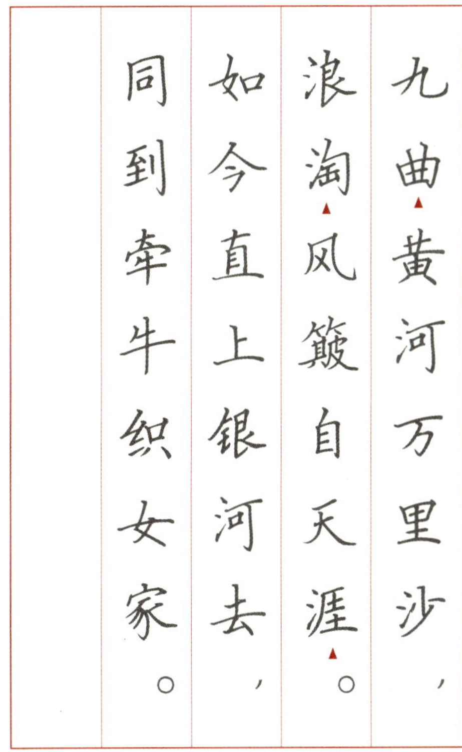

▲九曲：形容弯弯曲曲很多。▲浪淘：波浪。▲自天涯：来自天边。

九曲的黄河一路裹挟着万里的黄沙奔腾着从天边而来。诗人想既然黄河从天边来，不如带他一起飞上天空的银河里去，一起到牛郎和织女的家中去做客吧。

写这首诗的时候，诗人被贬，但他没有因此而沉沦，反而用积极的心态去面对这样的挫折，这首诗表现出的也是这种豁达的心情。

《江帆楼阁图》〔唐〕李思训

练字指导

左中右结构的字。
左中右等宽，
中间第一笔竖不要过长，
右边的月字不要写得过宽，
短横连左不连右。

画赏

江面上烟波浩渺，几叶扁舟漂浮，近处树木葱郁，楼阁庭院若隐若现，江畔一人骑马穿过，后面有书童跟随。在对岸有两人抵掌而谈，心旷神怡。整幅画色彩富丽，用笔遒劲。

次北固山下

[盛唐] 王湾

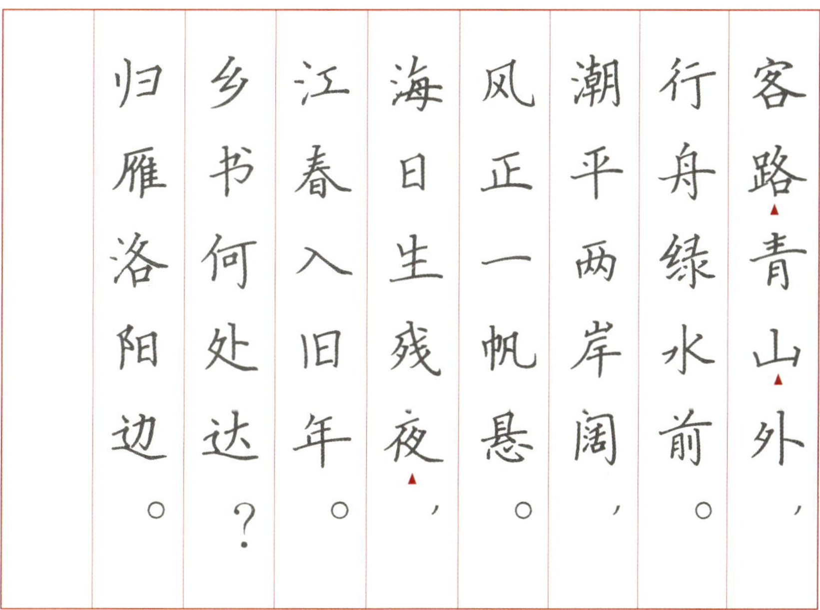

▲北固山：在今天江苏镇江北。▲客路：旅人前行的路。▲青山：指北固山。▲残夜：指夜将尽未尽之时。

诗人在青山外的道路上行走着，在碧绿的江水前行舟。潮水长满后，两岸之间的水面何等宽阔，顺着风行船，船帆正好可以高高悬起。夜幕还没有褪尽，旭日已在江上冉冉升起，旧岁到头了，江南已有了春天的气息。寄回家的信什么时候才能到达？诗人一声轻叹，真希望北归的大雁可以帮他把信捎去洛阳啊。

《岳阳楼图》 【明】谢时臣

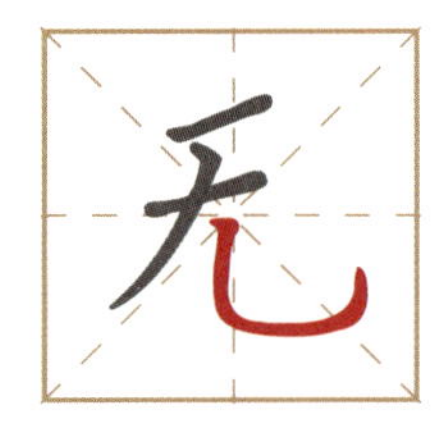

练字指导

独体字。
字形偏方，
两横平行上短下长，
撇画写斜撇，不要写竖撇，
竖弯钩竖略往左弯，
横略往下弯。

画中远处青山耸立，岳阳楼高两层，掩映在绿荫苍翠的松柏之下，楼下有两人凭栏观潮，望水听音，湖中有几只舟船破浪而行，在惊涛骇浪间穿行如履平地，整幅画气势雄奇，意境浑然开阔。

登岳阳楼

［盛唐］杜甫

▲吴楚：吴楚两地在我国东南。▲坼（chè）：分裂。▲乾坤：指日、月。

▲无一字：音讯全无。▲戎（róng）马：指战争。▲凭轩：靠着窗户。

诗说

曾经诗人听说过洞庭湖的水波澜壮阔，如今自己登上岳阳楼，一览洞庭湖的风光。浩荡的湖水把吴楚两地分割开来，似乎日月星辰都漂浮在水中。诗人看到这样壮阔的景象，突然想起了自己的亲朋好友已经很久没有给自己写信。年老多病的自己，独自乘着小舟四处漂流。此时，北方边关战事又起，诗人只能倚着栏杆远望，泪流满面。

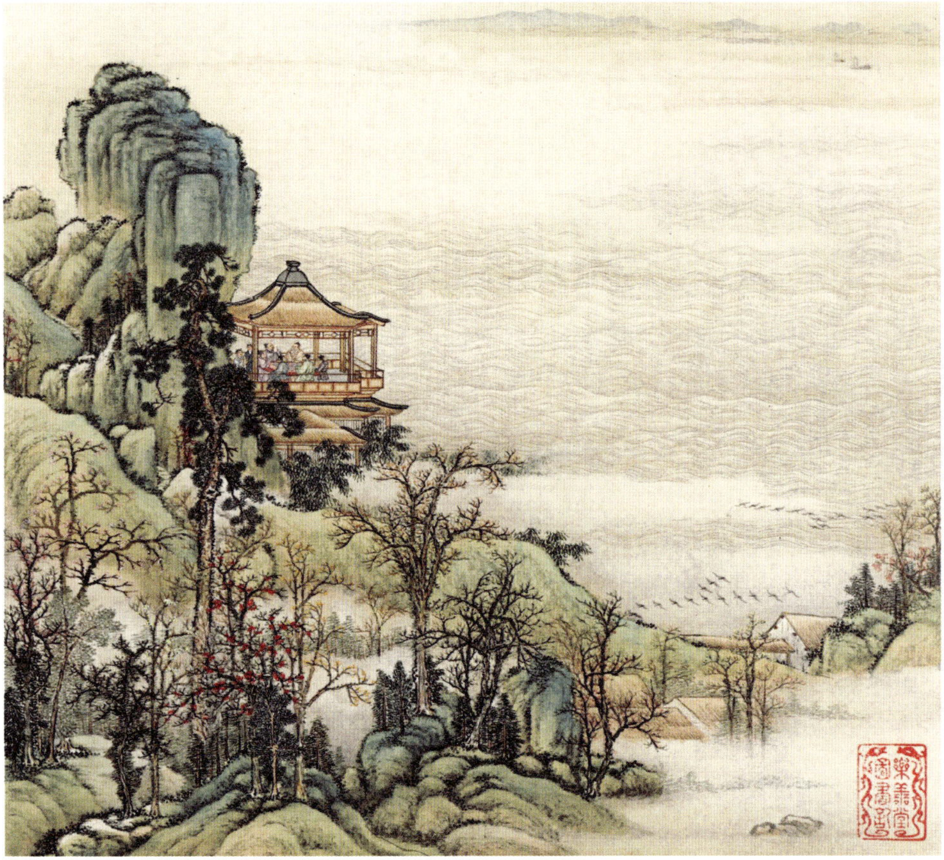

《山水楼阁图册》【清】陈枚

江面上烟波浩渺，远处用淡淡的笔墨勾画出群山，两只小船从远处行驶过来，近处怪石嶙峋，树木葱茏，苍翠挺拔。楼阁中一群老友席地而坐，临江远眺，高谈阔论，怡然自得。

黄鹤楼

〔盛唐〕崔颢

昔人已乘黄鹤去，
此地空余黄鹤楼。
黄鹤一去不复返，
白云千载空悠悠。
晴川历历汉阳树，
芳草萋萋鹦鹉洲。
日暮乡关何处是？
烟波江上使人愁。

▲昔人：指传说中骑鹤飞去的仙人。

▲悠悠：飘飘荡荡的样子。

▲川：平原。

▲历历：分明的样子。

▲乡关：故乡。

诗说

昔日的仙人已经乘着黄鹤飞去远方，这里只留下空空荡荡的黄鹤楼。黄鹤飞去后再也没有回来，千百年来只有白云在这里飘荡。汉阳晴川阁的碧树历历可辨，还能看清楚芳草茂盛的鹦鹉洲。诗人感慨道：到了黄昏不知道何处才是我的故乡，看着江面的烟波，更使我感到惆怅啊。

诗人满怀对黄鹤楼的憧憬来到这里，却发现鹤去楼空，眼中所见只是一个寻常的阁楼，于是写下了这首诗。

《江城图》【宋】佚名

练字指导

上下结构的字。
上矮下高，上窄下宽，
上部田字较扁，
中间舒展，下部狭长。

江边城楼飞檐翘壁，楼内有数人依窗眺望，楼下几棵古树葱郁，连片掩映在房屋山石之中。远处江面烟波浩渺，一艘船从远处驶来。整幅画给人以苍茫辽阔的意境。

登楚州城

［南宋］杨万里

望中白处日争明，
个是▲淮河冻作冰。
此去▲中原三里许，
一条玉带界天横。

▲个是：原来是。▲去：距离。

诗说

诗人登到高处远望淮河，阳光下一片明亮，原来是淮河的水结成了冰。这儿离中原只有三里（约1500 米）多路啊，淮水竟像玉带横空划界，使半壁河山分离。

书写练习（同步临摹）

文中对应页

字	文中对应页	临摹	临摹
挂	2	挂	挂
山	6	山	山
林	8	林	林
众	10	众	众
敢	12	敢	敢
庐	14	庐	庐
缘	17	缘	缘
羌	21	羌	羌
秀	24	秀	秀
峰	26	峰	峰
入	29	入	入

绘画作品索引 （仅为本册索引）

全套诗词索引 （按诗人朝代和出生先后来排序）

盛唐诗歌

中唐诗歌

晚唐诗歌

北宋诗歌

南宋诗歌

元明清诗歌

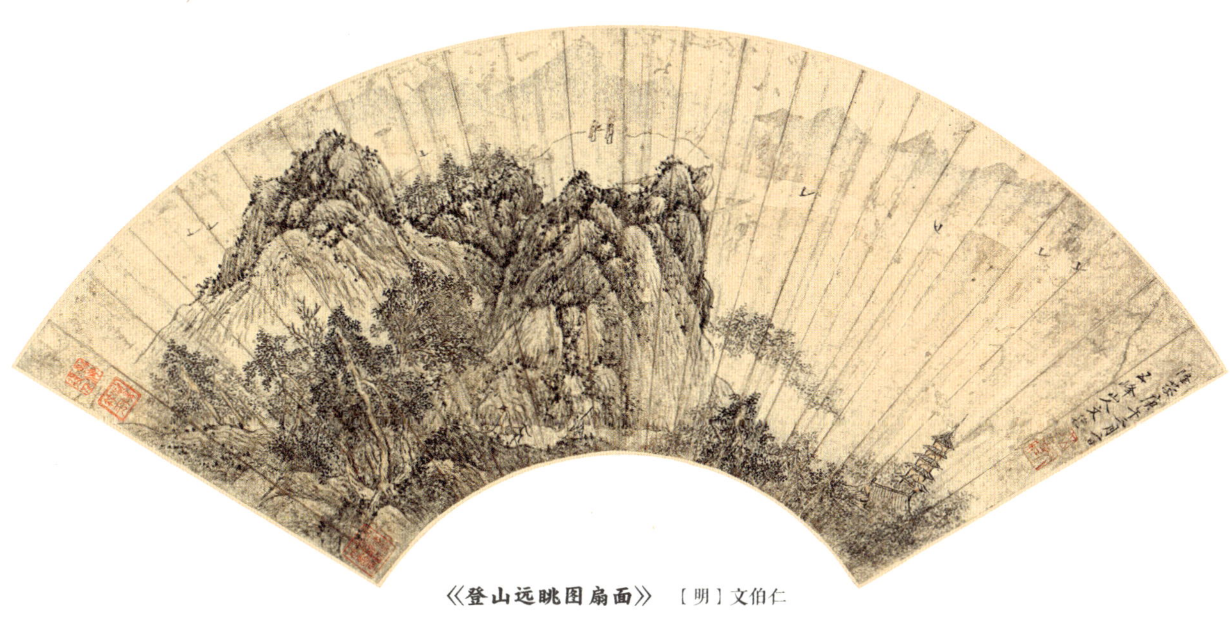

《登山远眺图扇面》［明］文伯仁

编委会

图书在版编目（CIP）数据

你好啊，小诗词．山水有清音 / 毛向军编著 ； 霜豪绘．-- 北京 ： 中国铁道出版社有限公司，2021.5
ISBN 978-7-113-27736-9

Ⅰ．①你… Ⅱ．①毛… ②霜… Ⅲ．①古典诗歌－中国－中学--课外读物 Ⅳ．①G634.303

中国版本图书馆CIP数据核字（2021）第026312号

书　　名： 你好啊，小诗词：山水有清音
NI HAO A,XIAOSHICI：SHANSHUI YOU QINGYIN

作　　者： 毛向军

插　　图： 霜　豪

策划编辑： 聂浩智　郭景思

责任编辑： 郭景思　　**电子信箱：** guojingsi@sina.cn

责任印制： 赵星辰

出版发行： 中国铁道出版社有限公司（100054，北京市西城区右安门西街8号）

印　　刷： 北京柏力行彩印有限公司

版　　次： 2021年5月第1版　　2021年5月第1次印刷

开　　本： 889 mm×1194 mm　1/24　印张：24　字数：640千

书　　号： ISBN 978-7-113-27736-9

定　　价： 198.00元（全8册）